MARCEL DUBOIS
E. SIEURIN

Cartes d'Étude

pour servir

à l'Enseignement de la Géographie

ASIE, INSULINDE, AFRIQUE

Neuvième édition
COMPLÈTEMENT MISE A JOUR
Avec 8 Cartes nouvelles et 7 Cartes refaites

Classe de Cinquième

MASSON ET Cie, ÉDITEURS   1 fr. 80

4 G
1059

Cartes d'Étude

ASIE, INSULINDE, AFRIQUE

Classe de Cinquième

ENSEIGNEMENT DE L'HISTOIRE ET DE LA GÉOGRAPHIE

ENSEIGNEMENT SECONDAIRE

DIVISION PRÉPARATOIRE ET CLASSES ÉLÉMENTAIRES

Classes préparatoires : **Histoire et Géographie**, par M. Sieurin, professeur au collège de Melun. 1 seul vol. in-8, avec cartes et figures.. 2 fr. 50

Classe de huitième : **Histoire et Géographie**, par M. Sieurin, 1 seul vol. in-8, avec cartes et fig. 2 fr. 50

Classe de septième : **Histoire et Géographie**, par M. Sieurin. 1 seul vol. in-8. avec cartes et figures. 2 fr. 50

PREMIER CYCLE

Sixième : **Géographie générale, Amérique, Australasie**, par MM. Dubois, professeur à la Faculté des lettres de Paris, et A. Bernard, chargé de cours à la Faculté des Lettres de Paris. 1 vol. in-16, cartonné toile... 2 fr. 50

Cinquième : **Afrique, Asie, Insulinde**, par MM. Dubois, Schirmer et Guy. 1 vol. in-16, cart. toile. 2 fr. 50
Moyen-Age et commencement des Temps modernes, par M. L.-G. Gourraigne, professeur au lycée Janson de Sailly. 1 vol., cartonné... 3 fr.

Quatrième : **L'Europe**, par MM. Dubois, Durandin et Mallet. 1 vol. in-16, cartonné toile............ 3 fr.
Les Temps modernes, par M. L.-G. Gourraigne (*sous presse*).

Troisième : **La France et ses colonies**, par M. Marcel Dubois. 1 vol. in-16, cartonné toile......... 3 fr.
L'Époque contemporaine, par M. L.-G. Gourraigne (*sous presse*).

SECOND CYCLE

Seconde : **Géographie générale**, par M. Marcel Dubois. 1 vol. in-16, cartonné toile............... 4 fr.
Histoire moderne, par M. Gourraigne (*en préparation*).
Histoire de la civilisation jusqu'au X° siècle, par M. Seignobos. 1 vol. in-16................... 4 fr.

Première : **Géographie de la France et de ses Colonies**, par M. Dubois. 1 vol. in-16, cartonné toile. 4 fr.
Histoire moderne, par M. Gourraigne (*en préparation*).

Philosophie : **Histoire contemporaine**, par M. Gourraigne. 1 vol. in-16, cartonné................. 5 fr.

Cartes d'Etude pour servir à l'enseignement de l'Histoire, par MM. Sieurin et Corréard. *Fin du Moyen-Age. Temps modernes et contemporains, 1270-1901*. 2° *édition*. 1 atlas in-4, cartonné......... 2 fr. 50

ENSEIGNEMENT PRIMAIRE SUPÉRIEUR
ET ENSEIGNEMENT SECONDAIRE DES JEUNES FILLES

COURS NORMAL DE GÉOGRAPHIE, par M. Marcel Dubois :

1re année. — **Notions générales de géographie physique : Océanie, Afrique, Amérique**, avec la collaboration de Augustin Bernard et André Parmentier. 4° *édition*. 1 vol. in-16, cartonné toile marron.. 2 fr.

2° année. — **Europe, Asie**, avec la collaboration de Paul Durandin et André Parmentier. 4° *édition*. 1 vol. in-16, cartonné toile marron... 2 fr.

3° année. — **France et Colonies**, avec la collaboration de F. Benoit. 4° *édition*. 1 vol. in-16, cartonné toile marron.. 2 fr.

Cartes d'Étude

pour servir à l'enseignement

de la Géographie

PAR MM.

Marcel DUBOIS

PROFESSEUR DE GÉOGRAPHIE COLONIALE A LA FACULTÉ DES LETTRES DE PARIS
MAITRE DE CONFÉRENCES A L'ÉCOLE NORMALE SUPÉRIEURE DE JEUNES FILLES DE SÈVRES

et

E. SIEURIN

PROFESSEUR DE GÉOGRAPHIE AU COLLÈGE DE MELUN

ASIE, INSULINDE, AFRIQUE

Classe de Cinquième

NEUVIÈME ÉDITION
COMPLÈTEMENT MISE A JOUR
Avec 8 Cartes nouvelles et 7 Cartes refaites

PARIS

MASSON ET Cie, ÉDITEURS

120, BOULEVARD SAINT-GERMAIN

1905

Tous droits réservés.

Cartes d'Étude

pour servir à l'Enseignement de la Géographie

PAR MM.

MARCEL DUBOIS
Professeur de Géographie coloniale à la Faculté des lettres de Paris
Maître de conférences à l'École normale supérieure de jeunes filles de Sèvres.

ET

E. SIEURIN
Professeur au collège de Melun.

Première Série, à l'usage de l'ENSEIGNEMENT SECONDAIRE. *Nouvelle édition, entièrement mise à jour et divisée conformément au programme des différentes classes.*

I. *Classe de Sixième.* **Géographie générale, Amérique. Australasie.** 9ᵉ *édition*, complètement mise à jour, 1 vol. in-4, contenant 33 cartes et 200 cartons, cartonné...................... 1 fr. 80
II. *Classe de Cinquième.* **Asie. Insulinde, Afrique.** 9ᵉ *édition*, contenant 33 cartes et de nombreux cartons... 1 fr. 80
III. *Classe de Quatrième.* **Europe.** 7ᵉ édition. 1 vol. in-4, cont. 33 cartes et 137 cartons, cart. 1 fr. 80
IV. *Classes de Troisième et de Première.* **France et Colonies.** 9ᵉ *édition*, avec 6 cartes refaites. 1 vol. in-4.. 1 fr. 80
V. *Classe de Seconde.* **Géographie générale.** 1 vol. in-4, contenant 31 cartes et de nombreux cartons, cartonné... 2 fr. 25

Deuxième Série, à l'usage des **ÉCOLES PRIMAIRES SUPÉRIEURES** et des **ÉTABLISSEMENTS SECONDAIRES DE JEUNES FILLES** :

1ʳᵉ *année* : **Océanie, Afrique, Amérique**, précédées de 13 cartes consacrées à la Géographie générale. 7ᵉ édition, revue et corrigée. 1 vol. in-4, contenant 42 cartes, et 210 cartons, cartonné.. 2 fr. 25
2ᵉ *année* : **Europe, Asie.** 7ᵉ *édition*. 1 vol. contenant 46 cartes et 180 cartons, cartonné..... 2 fr. 25
3ᵉ *année* : **France et Colonies.** 9ᵉ *édition*, avec 6 cartes refaites. 1 vol. in-4, contenant 40 cartes et 200 cartons, cartonné... 1 fr. 80

Cette deuxième série de Cartes d'Étude a été dressée spécialement pour accompagner les trois volumes du **Cours normal de Géographie** de M. Marcel Dubois, à l'usage des écoles primaires supérieures et des établissements secondaires de jeunes filles.

Les 3 atlas réunis en un seul volume in-4, cartonné toile................ 6 fr.

Corbeil — Imprimerie Ed. Crété

ASIE, INSULINDE, AFRIQUE

DÉTAIL DES CARTES ET CARTONS

N° 1. — **Asie physique.**
 Cartons : 1. Aires de végétation en Asie. — 2. Bassins fermés de l'Asie. — 3. Profil du continent asiatique du nord au sud. — 4. Profil du continent asiatique de l'ouest à l'est.

N° 2. — **Asie politique.**
 Cartons : Races de l'Asie. — Détroit de Bab-el-Mandeb.

N° 3. — **Asie russe.**
 Cartons : 1. Productions. — 2. Plateau de Pamir.

N° 4. — **Turkestan russe.**

N° 5. — **Iran et Caucasie.**
 Cartons : 1. Carte politique et économique. 2. Carte physique et politique. — 3. Productions.

N° 6. — **Asie turque.**

N° 7. — **Asie Mineure.**
 Cartons : 1. Géologie. — 2. Productions. — 3. Côte occidentale de l'Asie Mineure.

N° 8. — **Syrie, Palestine, Arménie, Mésopotamie et Arabie.**
 Cartons : 1. Géologie. — 2. Productions. — 3. Aden. — 4. Jérusalem.

N° 9. — **Inde physique.**
 Cartons : 1. Géologie. — 2. Climat. — 3. Bombay.

N° 10. — **Inde politique.**

N° 11. — **Indo-Chine.**
 Cartons : 1. Géologie. — 2. Productions.

N° 12. — **Indo-Chine française.**
 Cartons : 1. Possessions françaises dans l'Inde. — 2. Delta du fleuve Rouge.

N° 13. — **Empire chinois.**
 Carton : Productions.

N° 14. — **Chine.**
 Carton : Productions.

N° 15. — **Mandchourie, Corée, Japon.**

N° 16. — **Japon.**
 Cartons : 1. Productions. — 2. Carte géologique. — 3. Baie de Tokio. — 4. Formose.

N° 17. — **Océanie.**

N° 18. — **Indes néerlandaises et Philippines.**
 Cartons : 1. Géologie. — 2. Carte économique et politique.

N° 19. — **Afrique physique.**
 Cartons : 1. Zones de végétation. — 2. Coupe de l'Afrique, de Saint-Louis à la baie de Tadjoura.

N° 20. — **Afrique politique.**
 Cartons : 1. Ethnographie. — 2. Obock. — 3. Le Cap.

N° 21. — **Maroc, Algérie, Tunisie.**
 Cartons : 1. Géologie. — 2. Pluies. — 3. Productions. — 4. Carte politique.

TABLE DES CARTES

N° 22. — **Sahara**.
   Cartons : 1. Productions. — 2. Composition du sol.

N° 23. — **Algérie politique**.

N° 24. — **Tunisie politique**.

N° 25. — **Égypte et Abyssinie** (carte physique.)
   Cartons : 1. Carte géologique. — 2. Delta du Nil et du canal de Suez.

N° 26. — **Égypte et Abyssinie** (carte politique.)
   Cartons : 1. Productions. — 2. Canal de Suez.

N° 27. — **Soudan**.
   Carton : Productions.

N° 28. — **Soudan français**.

N° 29. — **Afrique équatoriale physique**.
   Carton : Géologie.

N° 30. — **Afrique équatoriale politique**.
   Carton : Productions.

N° 31. — **Afrique australe physique**.
   Cartons : 1. Géologie. — 2. Productions.

N° 32. — **Afrique australe politique**.
   Carton : Chemin de fer du Cap à Alexandrie.

N° 33. — **Madagascar**.
   Cartons : 1. Productions. — 2. Ile Sainte-Marie.— 3. Baie de Diégo-Suarez. — 4. La Réunion.

ASIE, INSULINDE, AFRIQUE

ASIE
CARTE PHYSIQUE

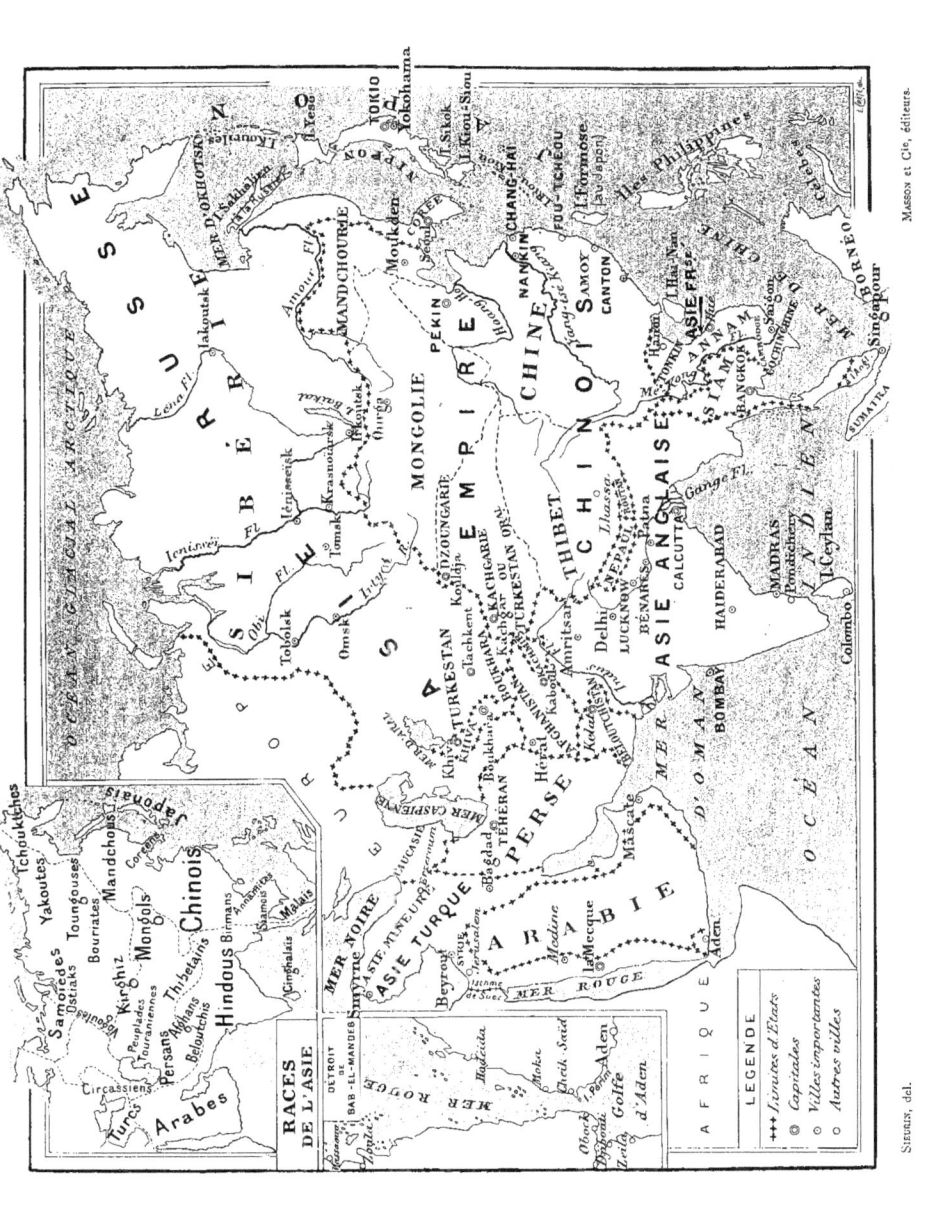

MARCEL DUBOIS & SIEURIN. **ASIE RUSSE** CARTE N° 3

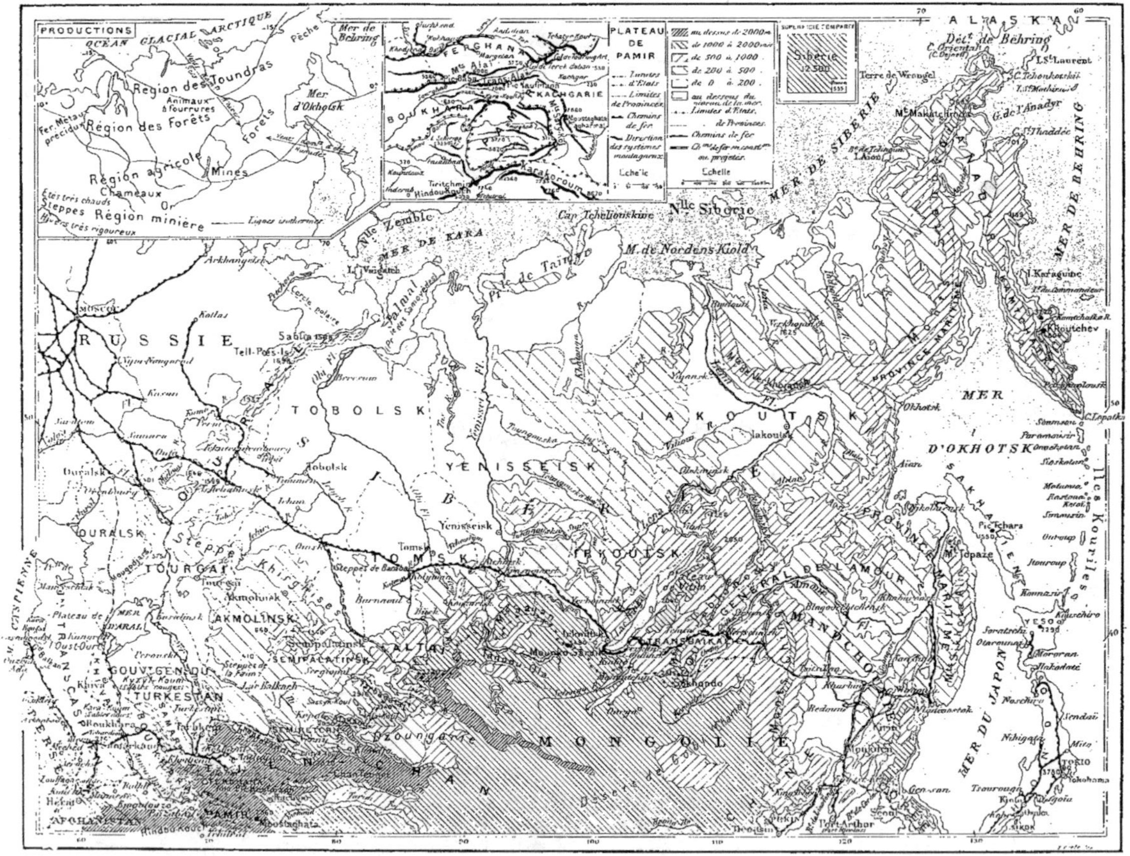

Sieurin, del. Masson et Cie, éditeurs.

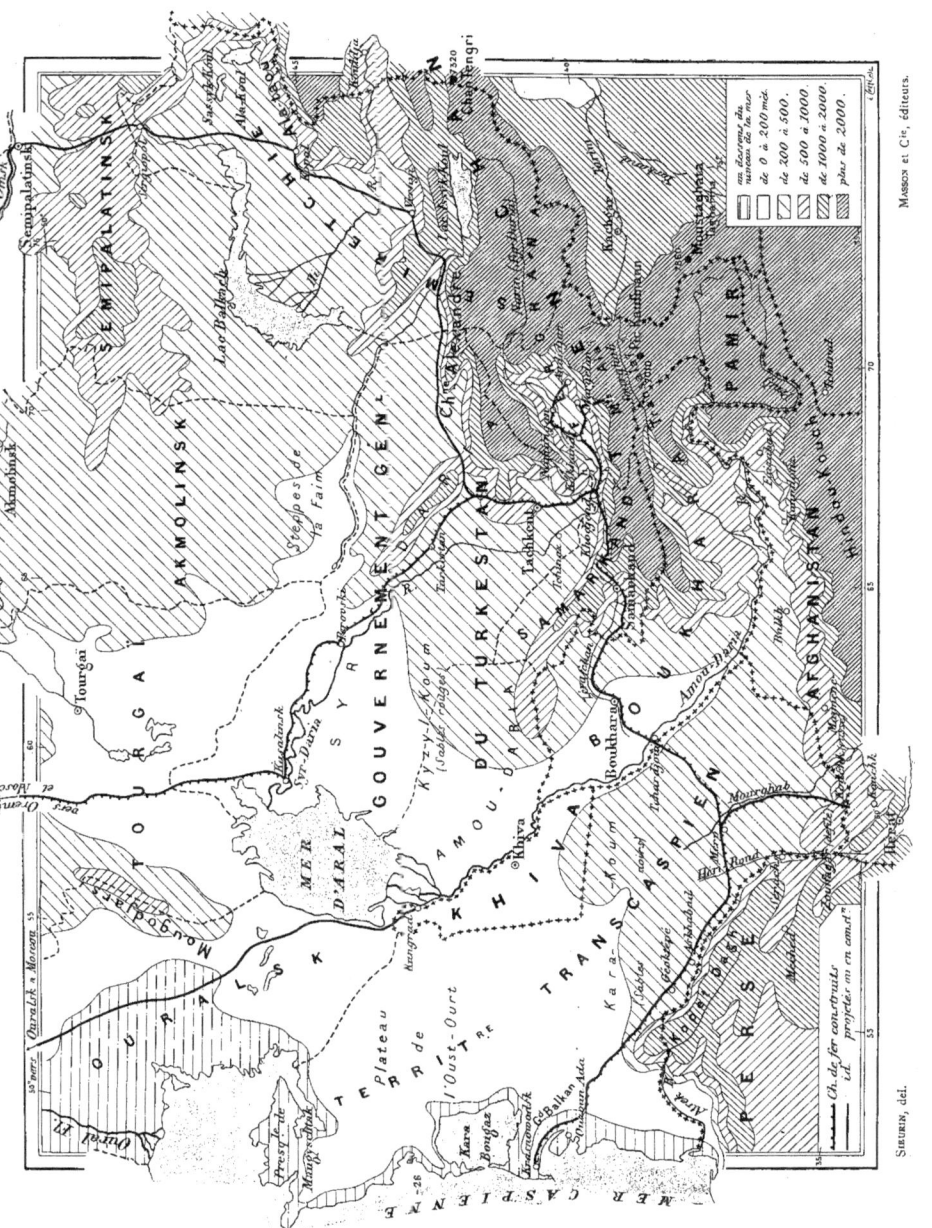

MARCEL DUBOIS & SIEURIN. **ASIE TURQUE** CARTE N° 6

ASIE MINEURE

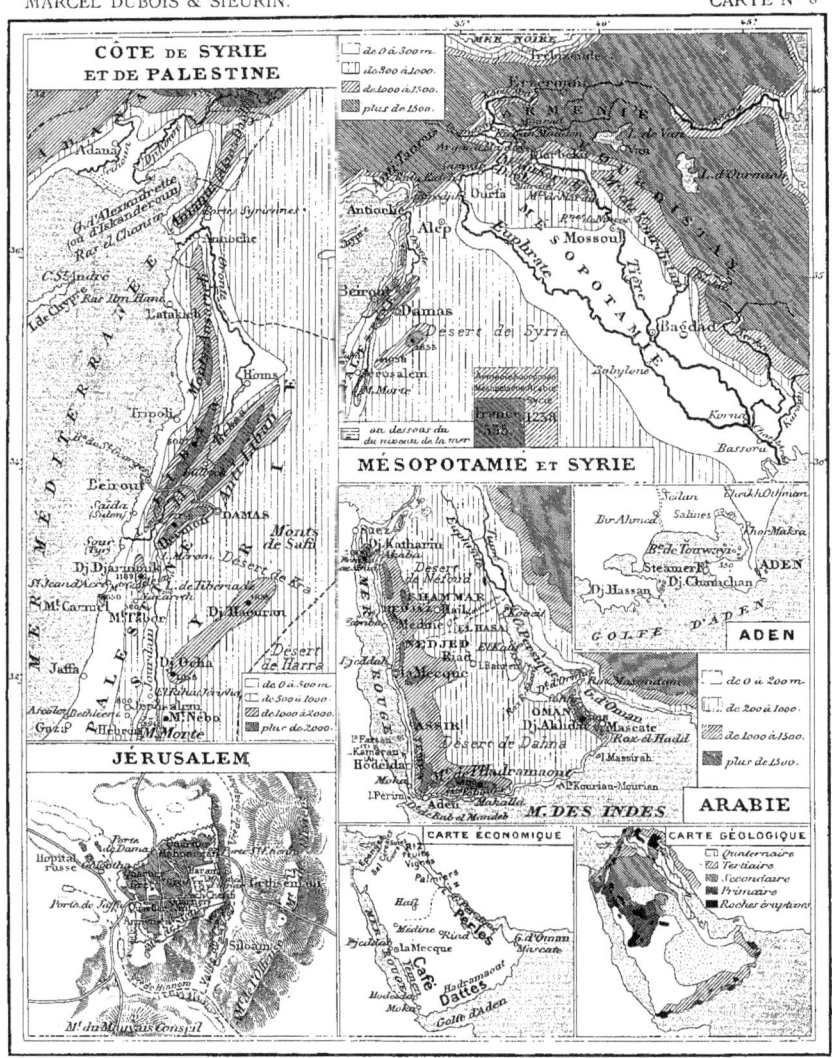

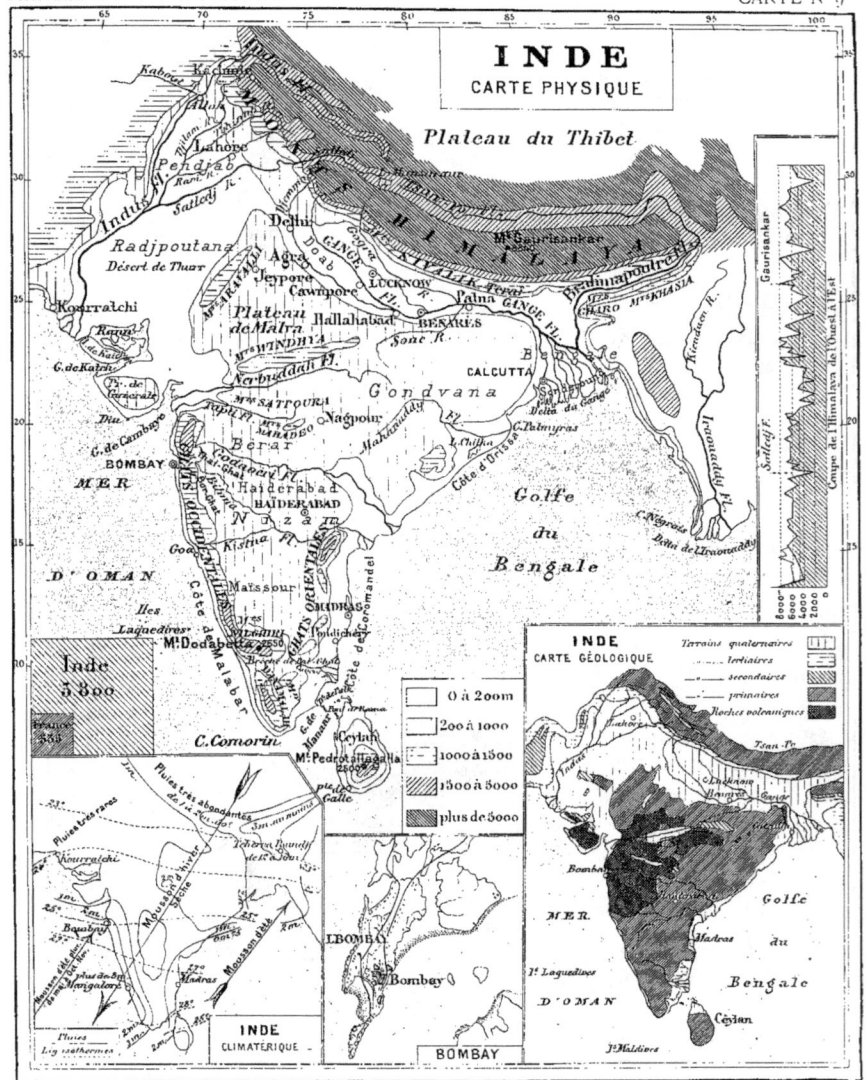

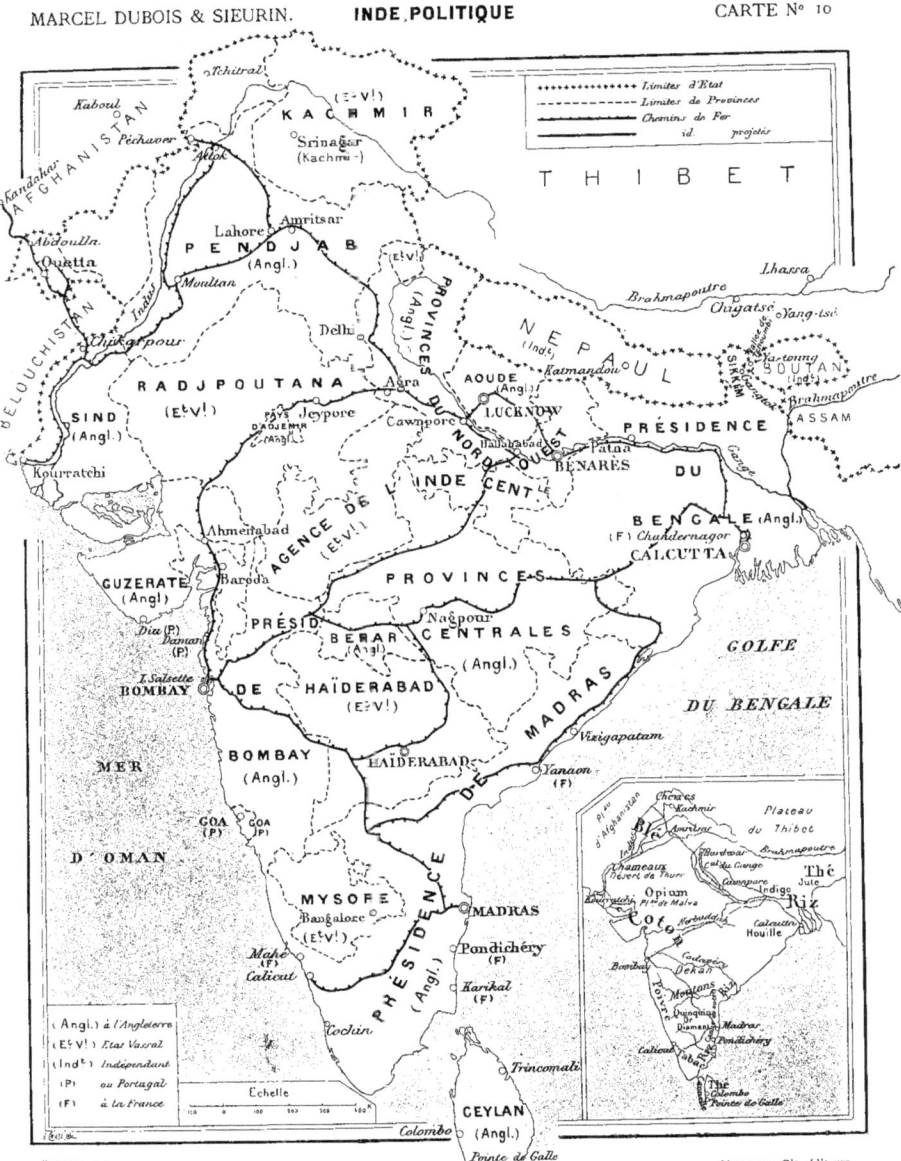

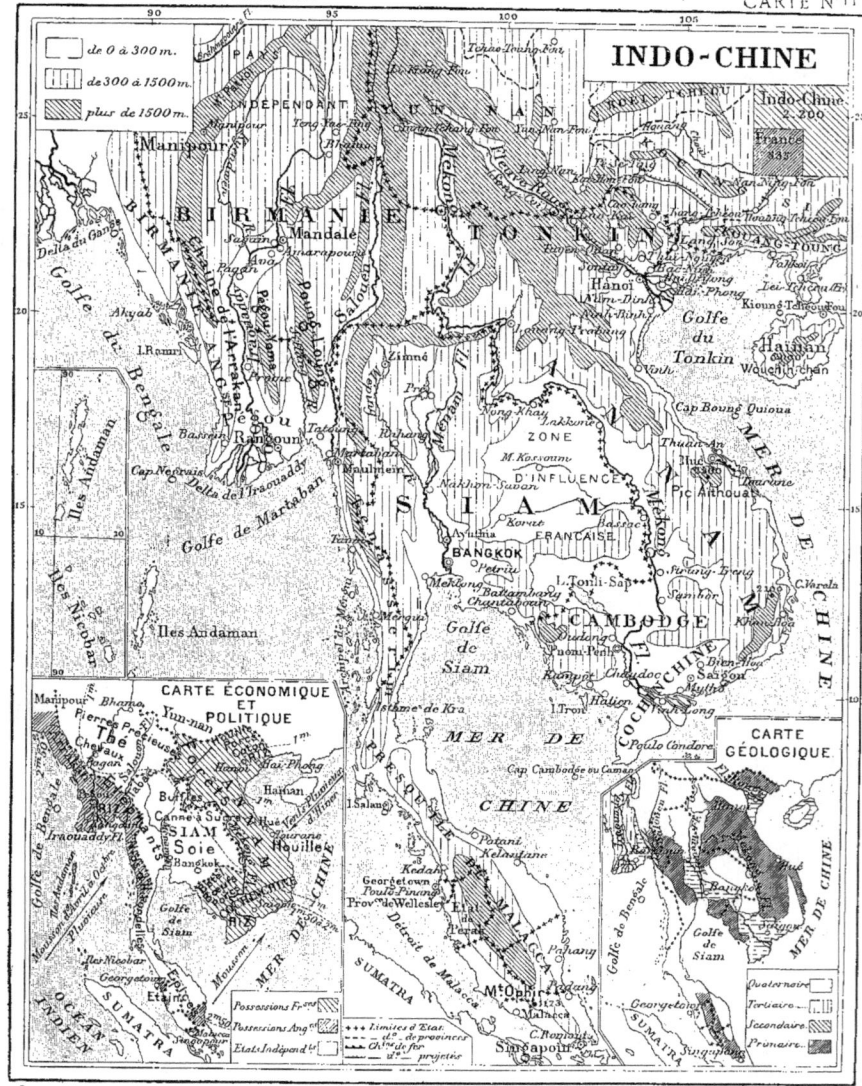

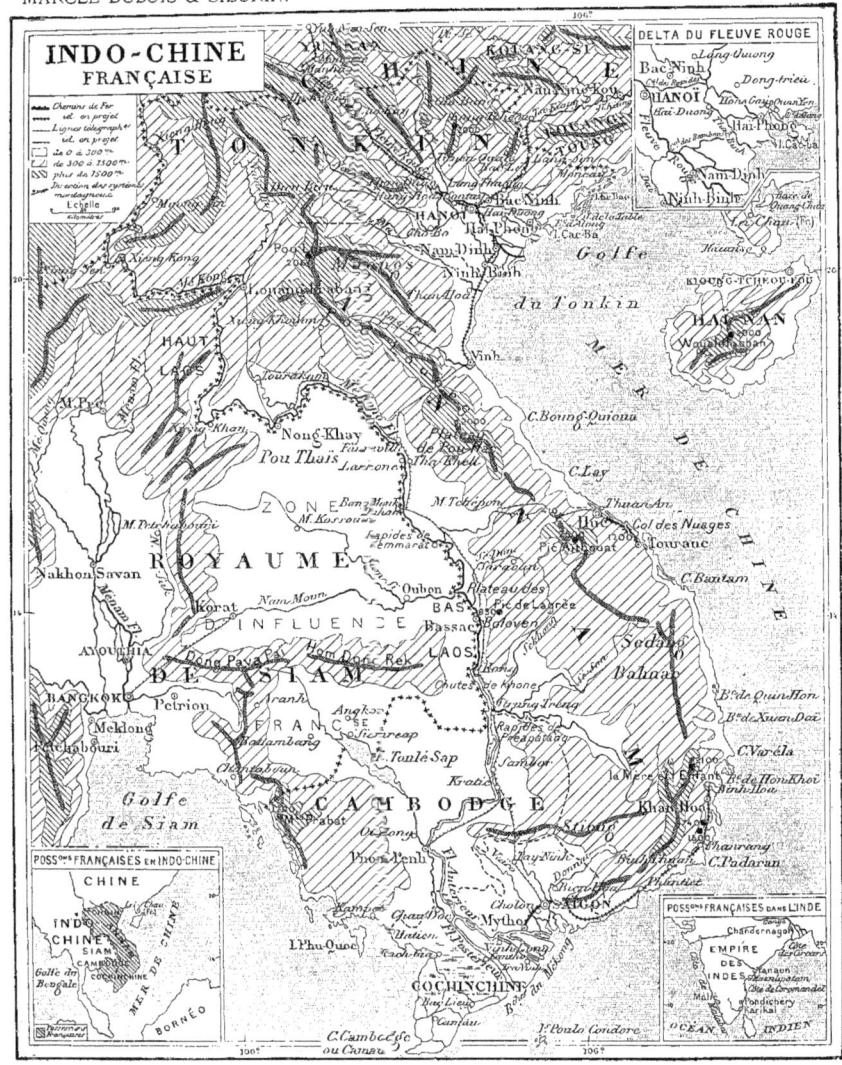

EMPIRE CHINOIS

MARCEL DUBOIS & SIEURIN. CARTE N° 13

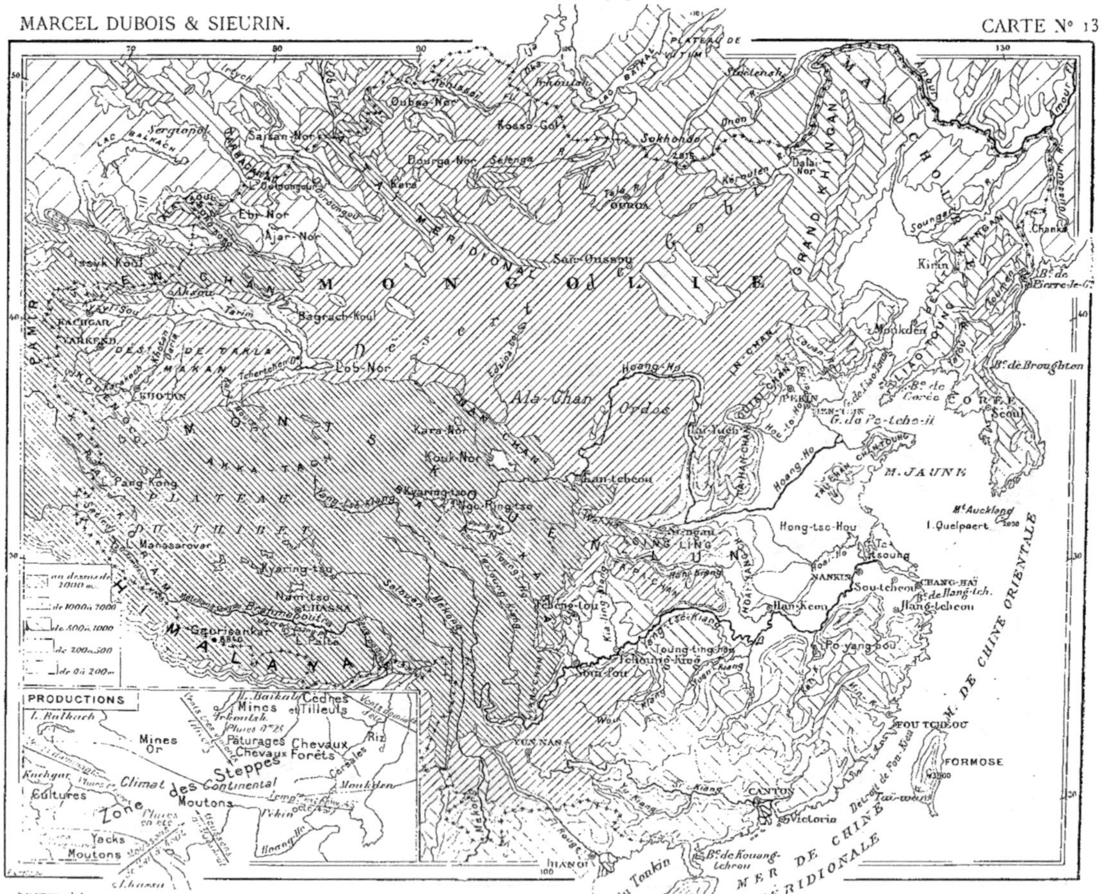

SIEURIN, del. Masson et Cie, éditeurs.

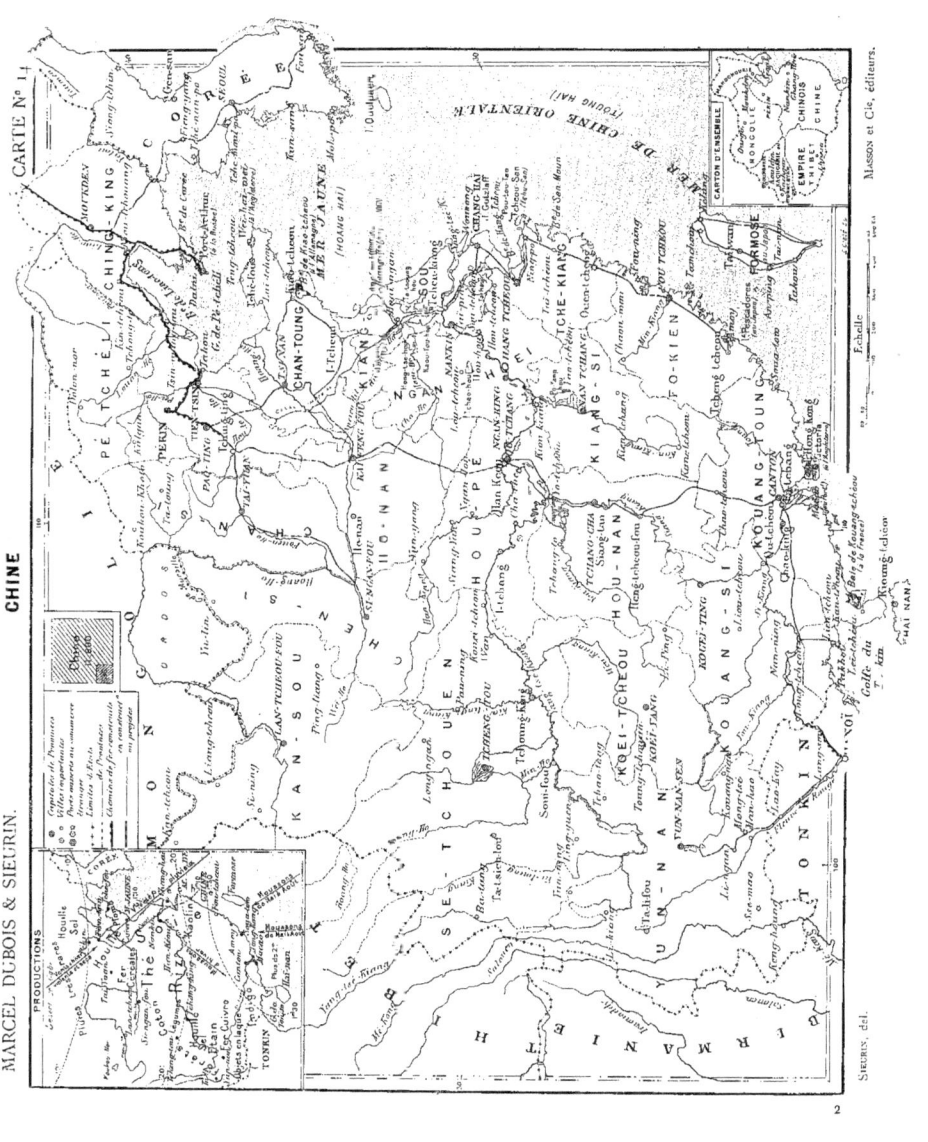

MARCEL DUBOIS & SIEURIN. **JAPON** CARTE N° 16

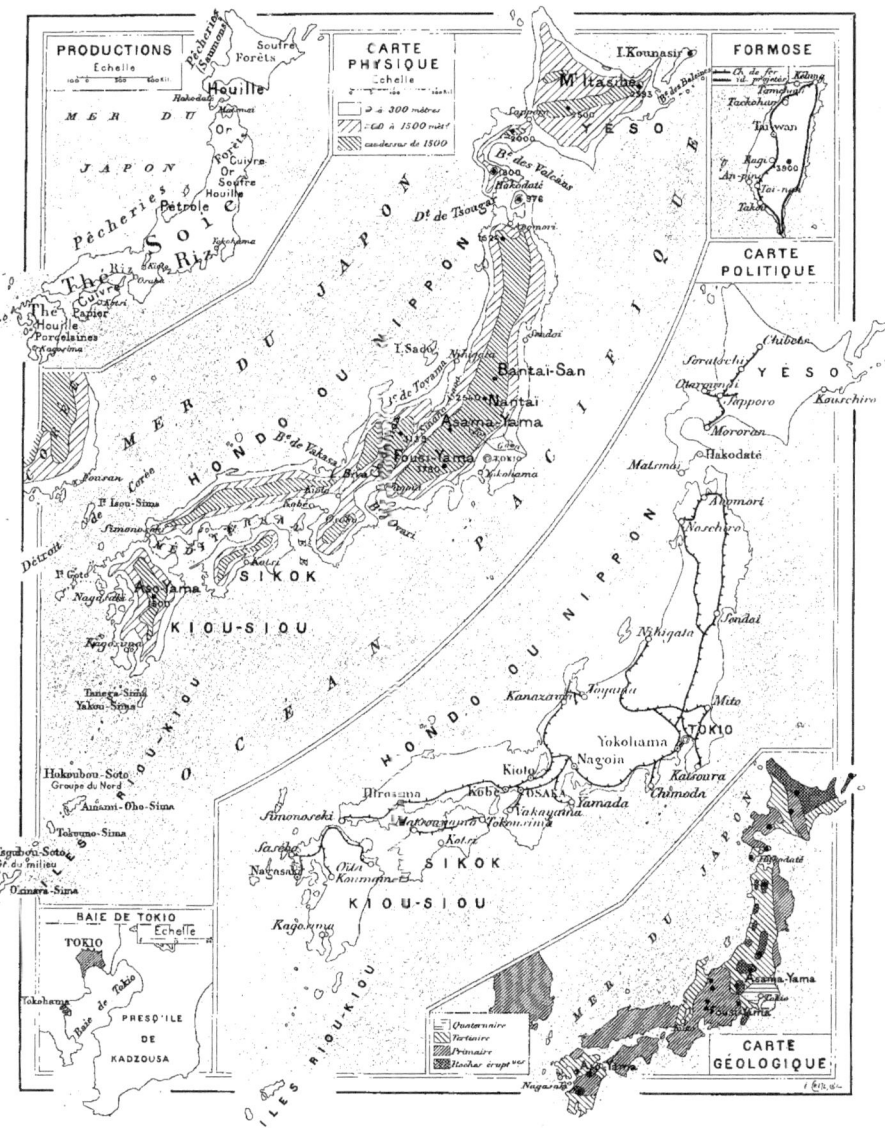

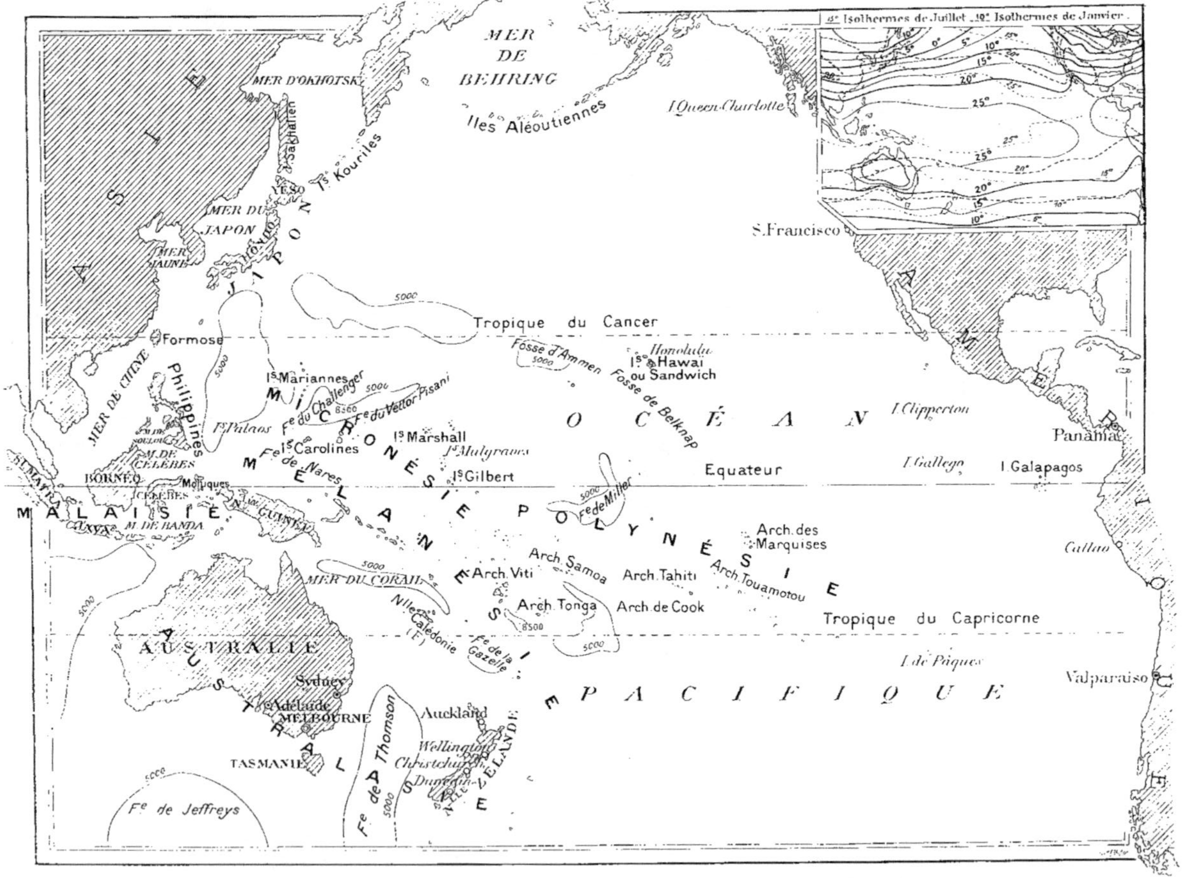

MARCEL DUBOIS & SIEURIN.

OCÉANIE

CARTE N° 17

Masson et Cie, éditeurs

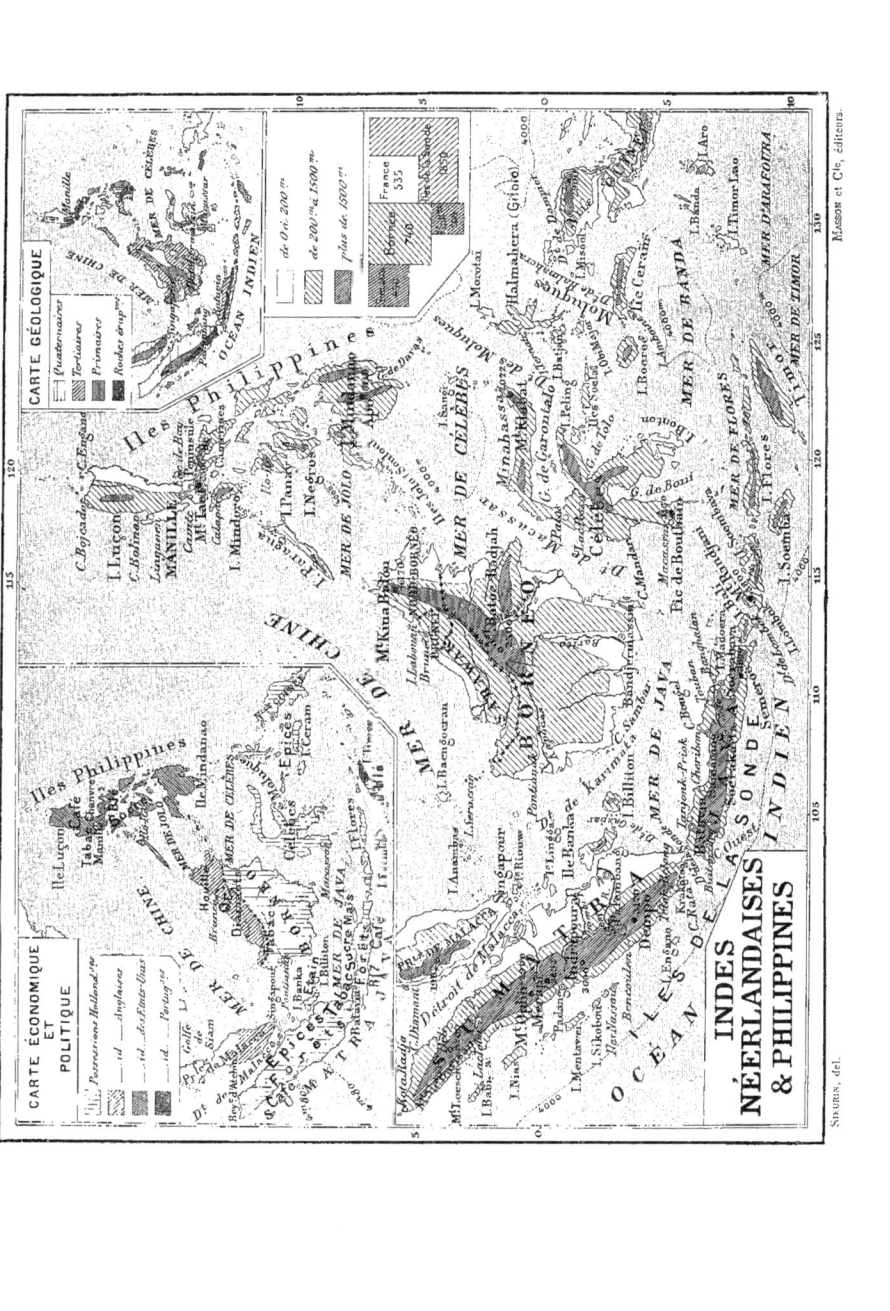

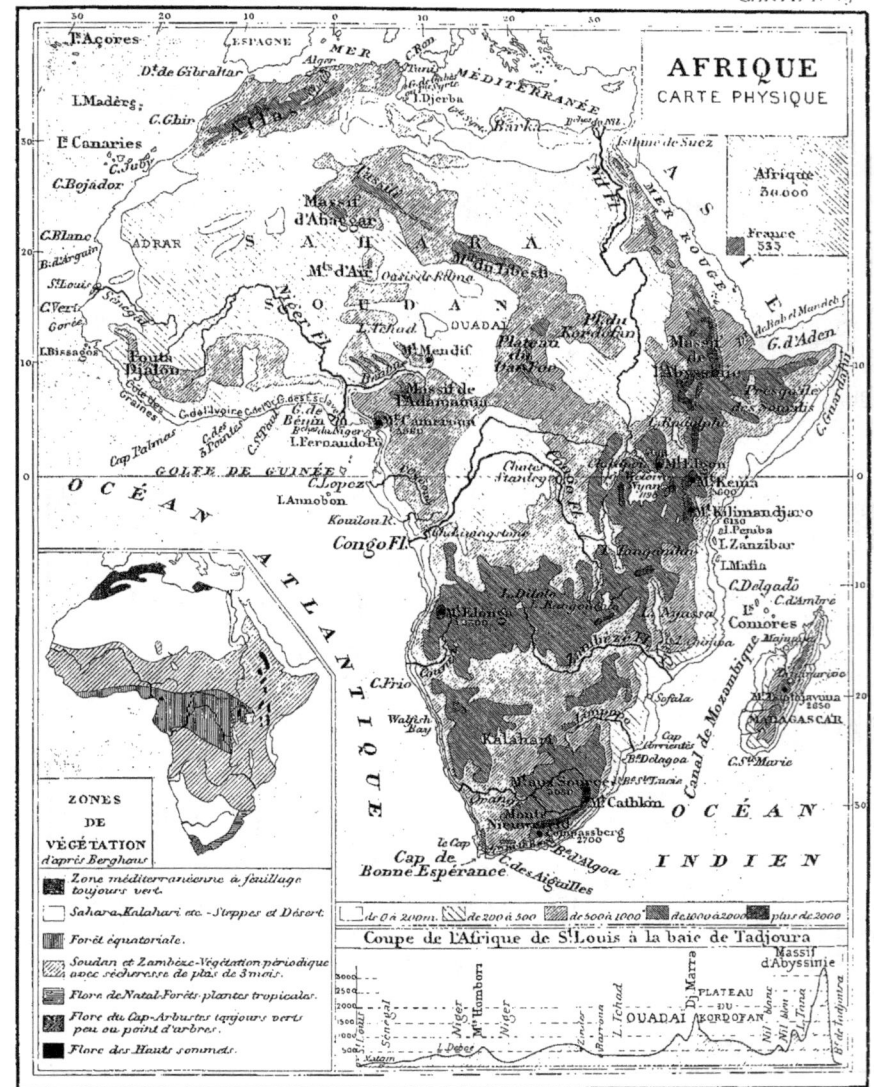

MARCEL DUBOIS & SIEURIN. **AFRIQUE (Carte politique)** CARTE N° 20

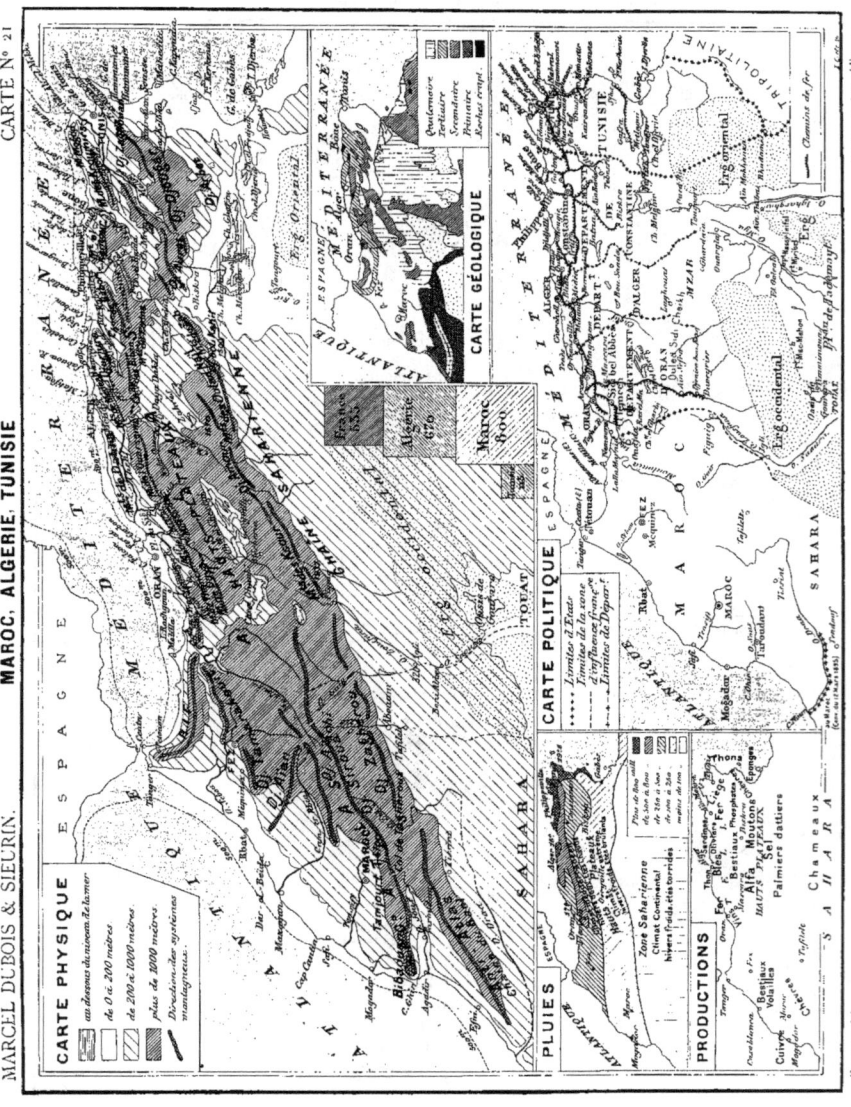

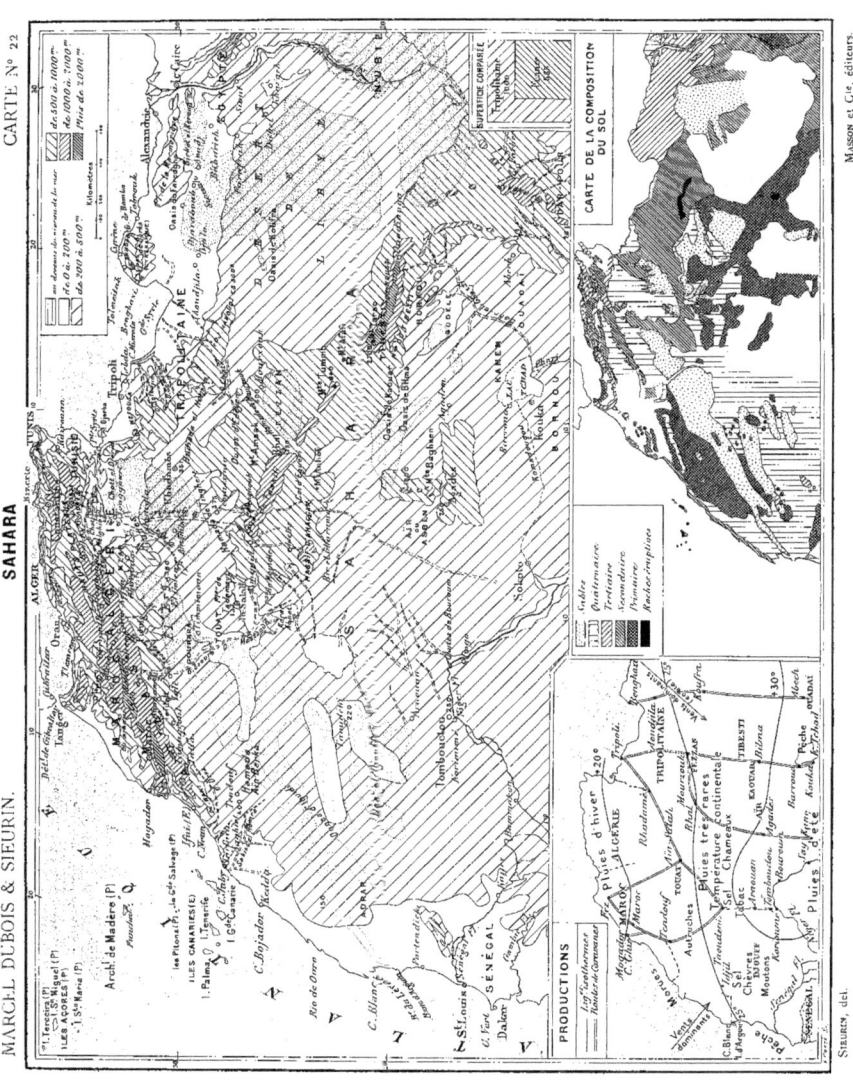

MARCEL DUBOIS & SIEURIN.   **ALGÉRIE**   CARTE N° 23

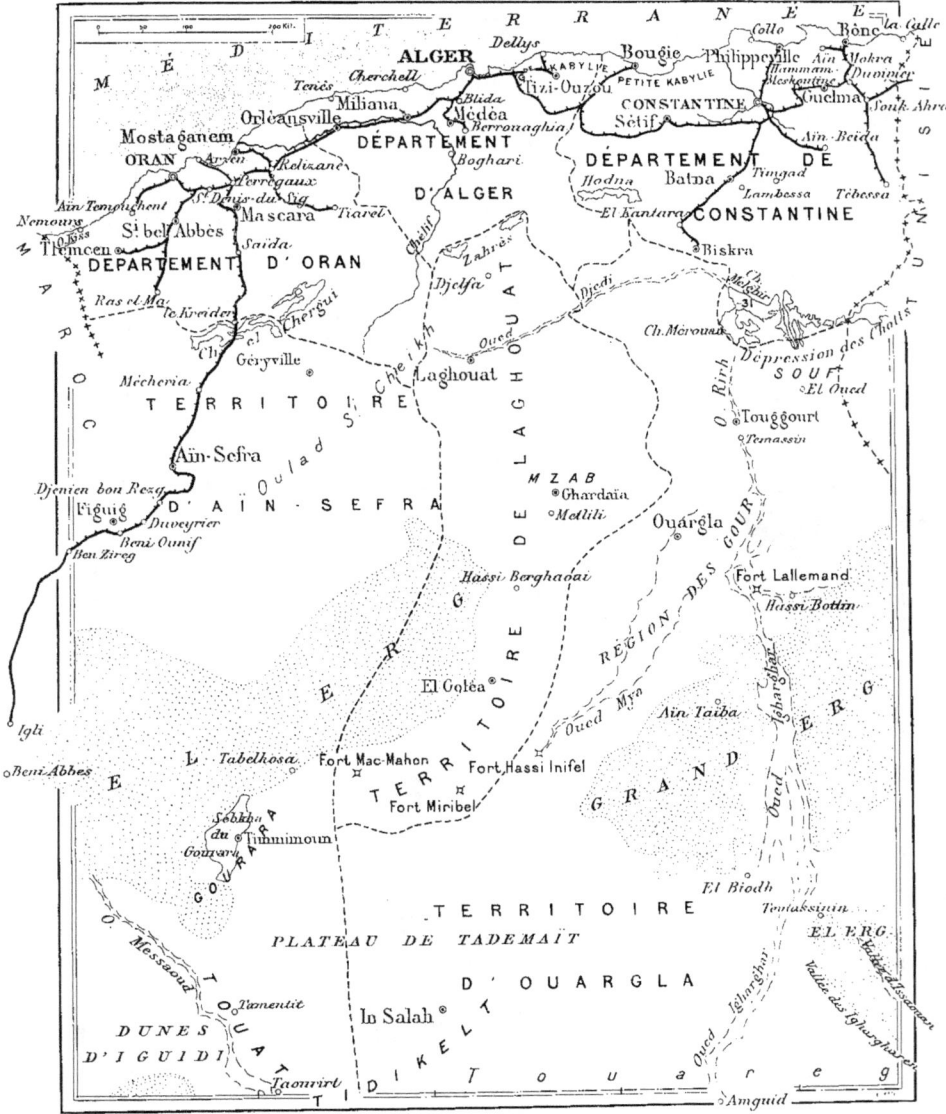

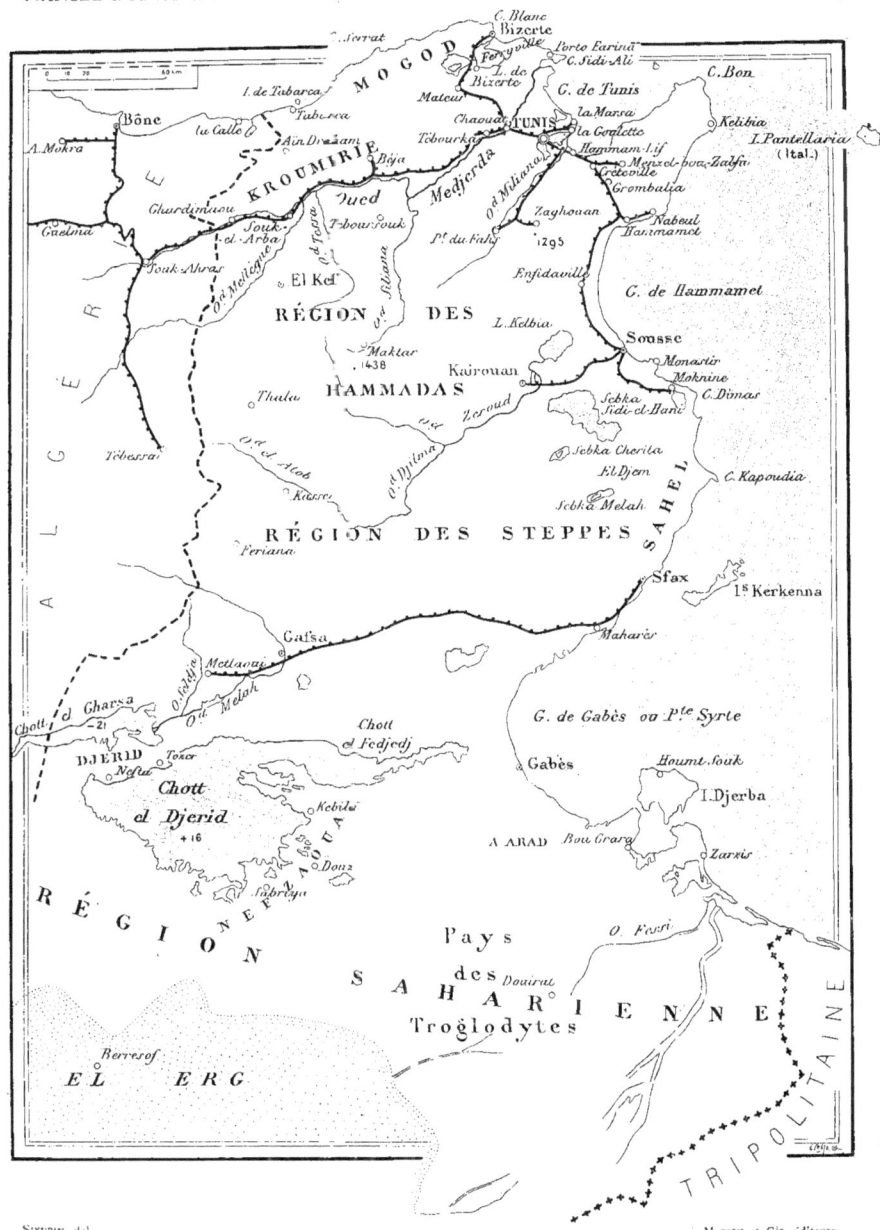

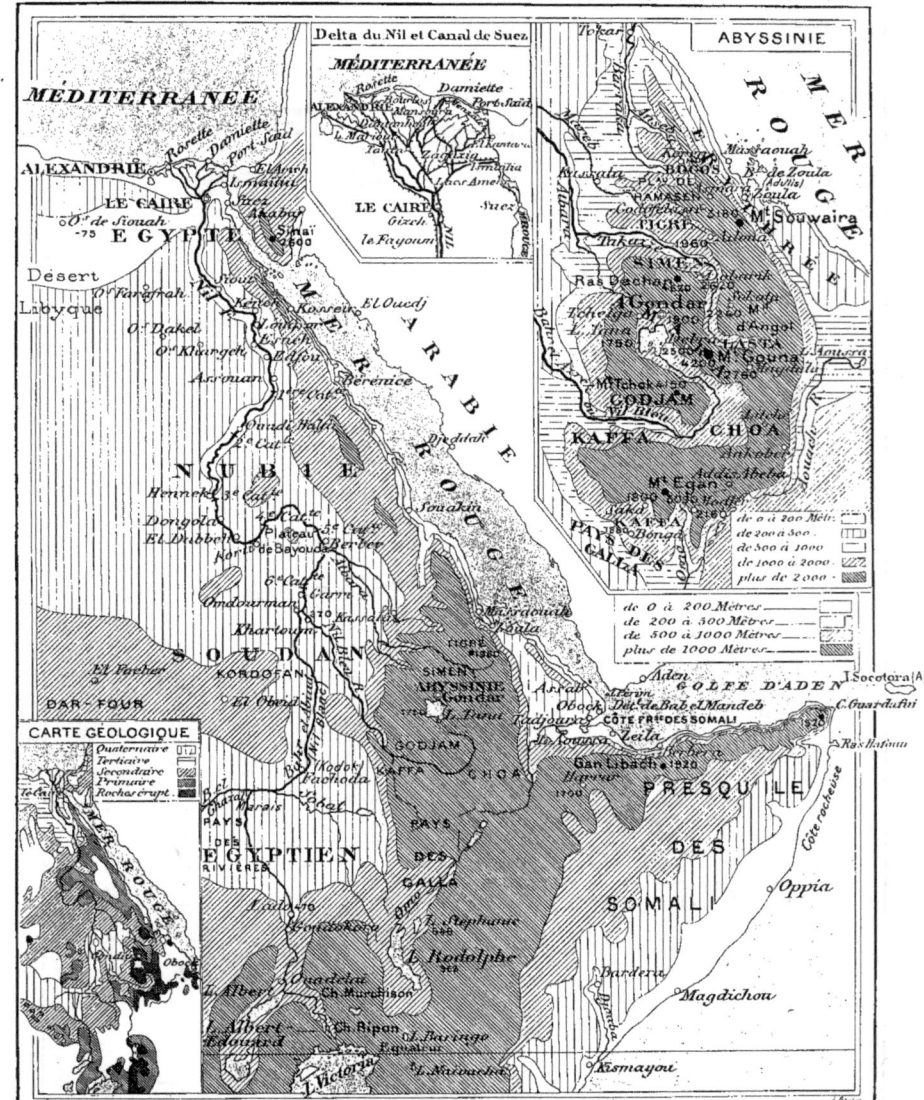

MARCEL DUBOIS & SIEURIN. ÉGYPTE ET ABYSSINIE (Carte physique) CARTE N° 25

MARCEL DUBOIS & SIEURIN. **ÉGYPTE ET ABYSSINIE (Carte politique)** CARTE N° 26

MARCEL DUBOIS & SIEURIN. SOUDAN CARTE N° 27

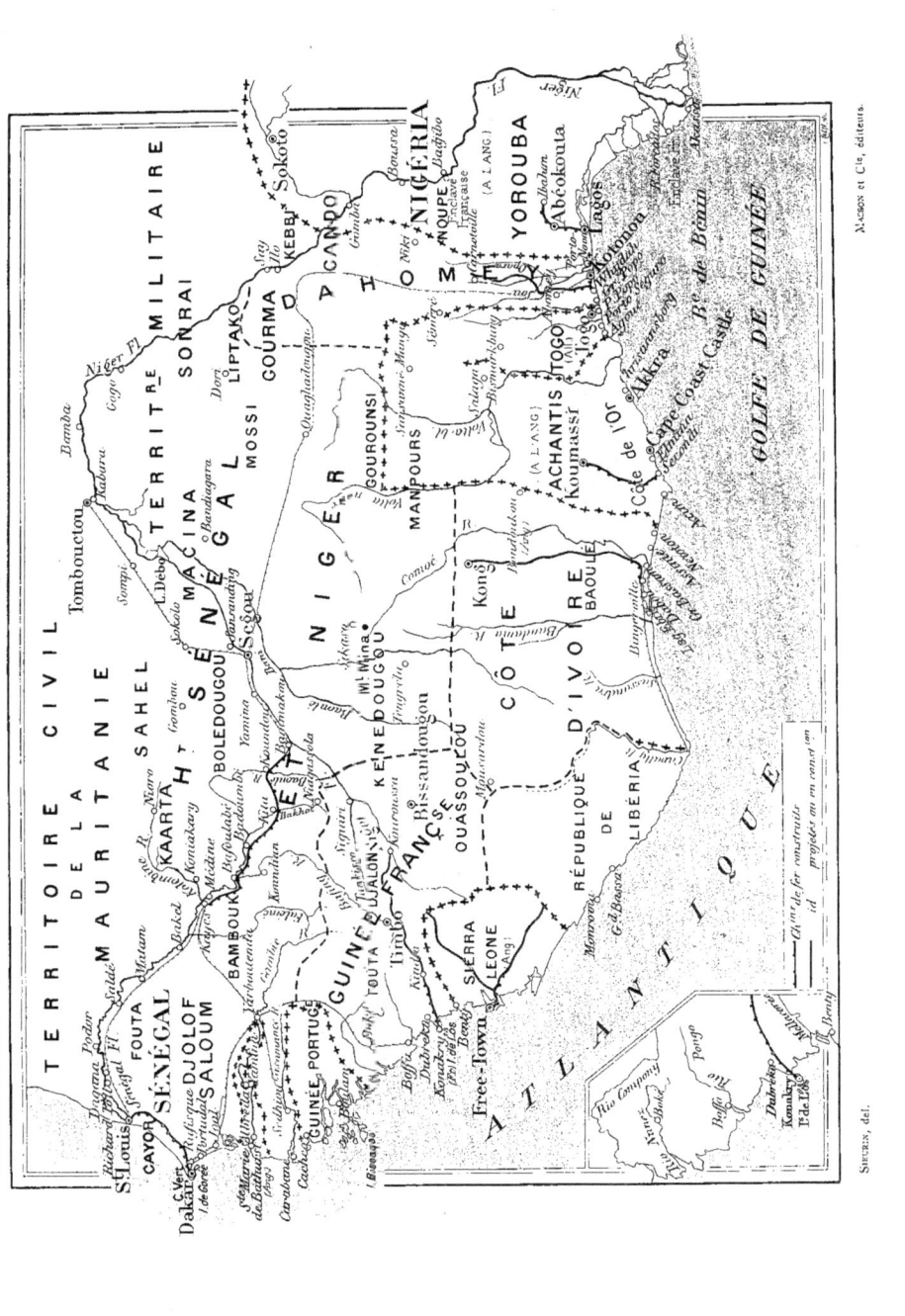

MARCEL DUBOIS & SIEURIN. **AFRIQUE ÉQUATORIALE PHYSIQUE** CARTE N° 29

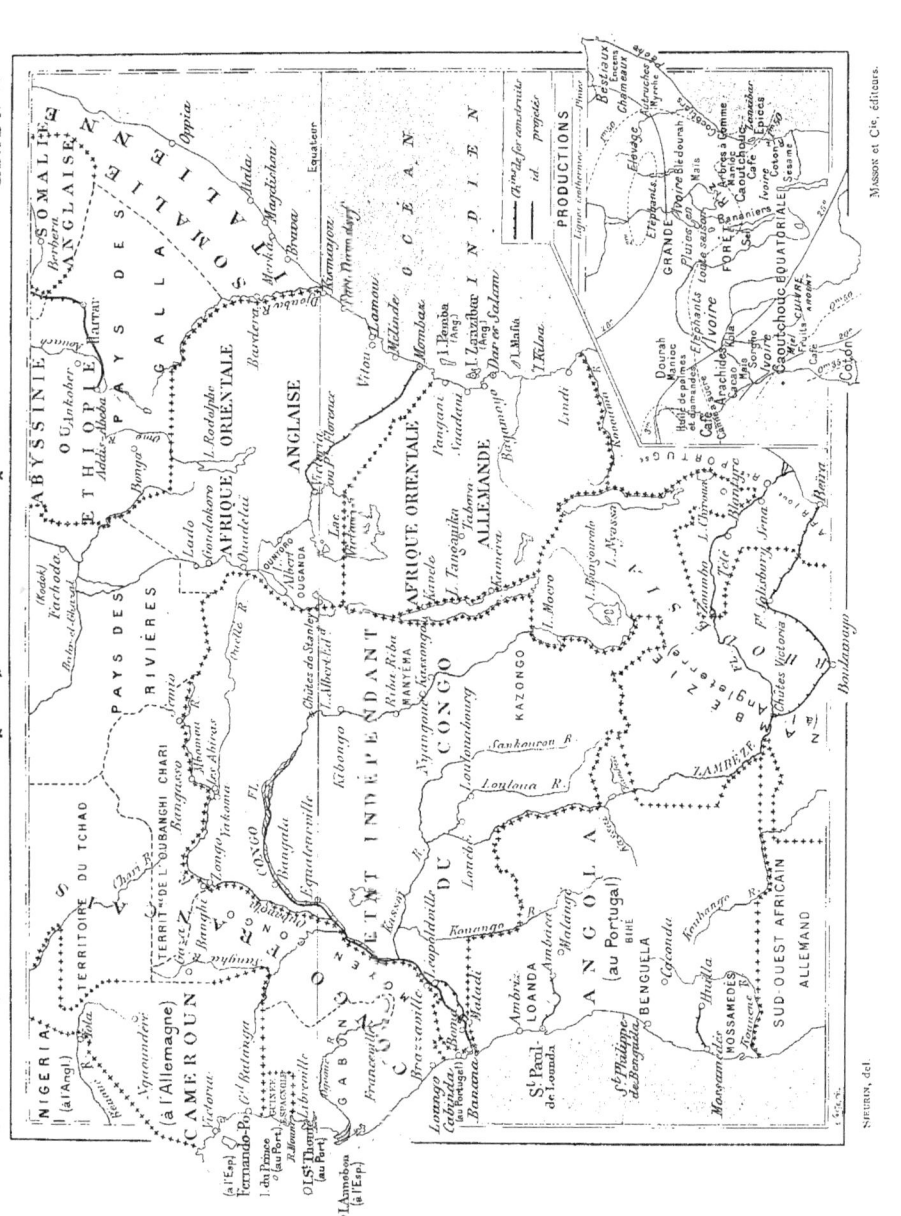

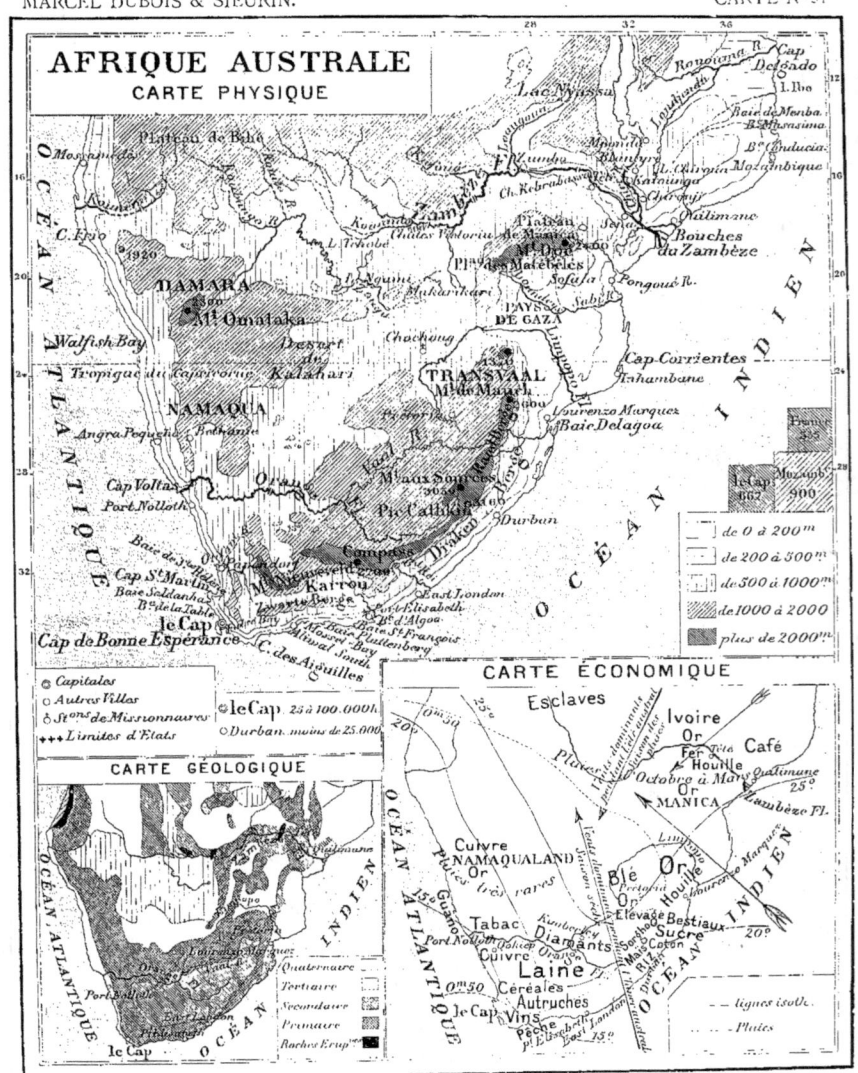

MARCEL DUBOIS & SIEURIN. AFRIQUE AUSTRALE POLITIQUE CARTE N° 32

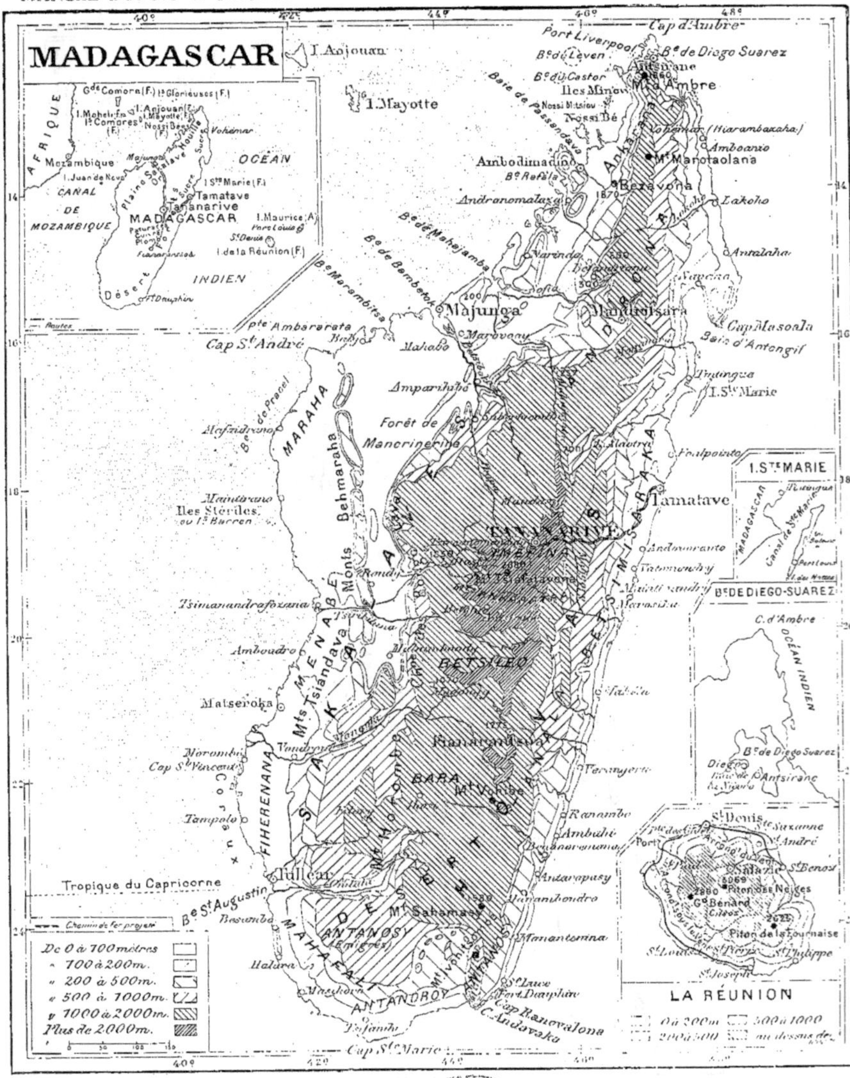

SIEURIN, del. — Masson et Cie, éditeurs

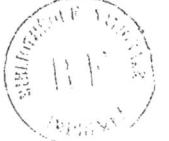

www.ingramcontent.com/pod-product-compliance
Lightning Source LLC
Chambersburg PA
CBHW060509050426
42451CB00009B/892